LA

STÈLE DE MESA

ROI DE MOAB

896 av. J. C.

LETTRE A M. LE Cte DE VOGÜÉ

PAR

CH. CLERMONT-GANNEAU

DROGMAN-CHANCELIER DU CONSULAT DE FRANCE A JÉRUSALEM

PARIS

LIBRAIRIE POLYTECHNIQUE DE J. BAUDRY

RUE DES SAINTS-PÈRES, 15

1870

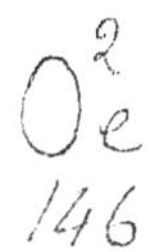

LA

STÈLE DE MESA,

ROI DE MOAB.

Jérusalem, 16 janvier 1870.

Depuis très-longtemps je savais, par des rapports d'indigènes et de Bédouins, qu'il existait à Dhibân, l'ancienne Dibon, de l'autre côté de la mer Morte, un gros bloc de *pierre noire* couvert de caractères. Je soupçonnai tout d'abord l'importance de ce monument, mais je ne songeai pas à aller à Dhibân m'assurer de l'exactitude des descriptions qui m'en avaient été faites; un voyage transjordanien est une entreprise difficile et surtout une affaire fort coûteuse. Cependant des informations recueillies ultérieurement me donnèrent la certitude que la pierre noire était une stèle et que les caractères gravés étaient phéniciens. Je reçus même d'un Arabe de la ville, en tournée dans ces parages, la copie très-grossièrement faite de plusieurs lignes de l'inscription. Il n'y avait plus de doute possible; je résolus dès-lors de me procurer à tout prix l'estampage d'un monument aussi précieux. J'envoyai à Dhibân, avec deux cavaliers de la tribu du cheikh Qablan, un jeune Arabe très-intelligent, Yâqoub Caravacca. Il obtint, non sans difficulté, des Beni-Hamîdé ou Hamaïdé, propriétaires de la pierre, l'autorisation d'en prendre un estampage. Pendant l'opération, une de ces querelles si fréquentes chez les Bédouins s'éleva entre les Beni-Hamîdé présents; une rixe s'ensuivit, et mes hommes n'eurent que le temps de rega-

*

gner leurs chevaux et de partir au galop. Le pauvre Yâqoub eût même dans la bagarre la jambe traversée d'un coup de lance. L'estampage était perdu sans la présence d'esprit d'un des compagnons de route de Yâqoub, cheikh Djemîl, qui, au milieu de la mêlée, se jeta dans le trou au fond duquel était la pierre, arracha le papier encore humide qui la recouvrait, en jeta les lambeaux dans un pan de son *abaye*, sauta sur son cheval et vint rejoindre ventre à terre ses deux compagnons.

Le but de l'expédition était donc atteint : j'avais un estampage ; mais dans quel état, hélas! Les lambeaux tout mouillés s'étaient fripés et chiffonnés en séchant, et les caractères n'avaient laissé que des traces imperceptibles. On ne pouvait les distinguer que par transparence, en interposant la feuille entre l'œil et une bougie ou un rayon de soleil. J'en lus cependant assez pour me convaincre de l'importance capitale de cette découverte.

Sur ces entrefaites j'eus l'occasion de faire connaissance avec un cheikh de la puissante tribu des Beni-Sakher, voisin des Beni-Hamîdé. Cheikh 'Id el-Faëz avait vu la pierre ; il se fit fort de désintéresser les Beni-Hamîdé et de me l'apporter à Jérusalem. Il demanda quatre cents médjidiés dont je lui donnai moitié d'avance. C'était une grosse somme et je courais grand risque de ne revoir ni pierre, ni argent, ni Bédouin. Au bout de deux semaines, Cheikh 'Id me rapporta loyalement l'argent, en me disant que, pendant qu'il était à Jérusalem à traiter avec moi, les Beni-Hamîdé avaient mis l'inscription en pièces; il donnait pour mobile à cet acte de sauvagerie incompréhensible une demande qui leur aurait été adressée au sujet de ce monument par l'autorité turque, à qui ils voulaient ôter un prétexte d'intervenir dans leurs affaires. Je ne croyais pas un mot de toute cette histoire, malgré les assurances formelles de cheikh 'Id. Son récit n'était pourtant que trop vrai, comme je viens d'en acquérir la preuve il y a quelques jours seulement.

Après cet échec, je renonçai momentanément à la stèle de Dhibân, et je m'occupai d'étudier l'estampage en lambeaux que j'en possédais. La semaine dernière je vis arriver tout à coup cheikh Djemîl, que j'avais envoyé plus tard à la découverte, armé d'une brosse et de papier à estampage. Il me rapportait deux estampages, assez adroitement pris d'ailleurs, de *deux grands fragments* de la pierre, plus des petits morceaux de la pierre elle-même *avec des caractères.* Il me fallut bien me rendre à l'évidence.

Ces renseignements concordaient d'ailleurs pleinement avec ceux du capitaine Warren, qui était au courant de mon histoire et qui de son côté avait mis en campagne un autre Bédouin. Son homme lui rapporta également l'estampage des deux mêmes fragments, et quelques petits morceaux avec des caractères.

Ayant acquis la certitude de la destruction de ce monument, je me mis immédiatement à essayer de le reconstruire avec les éléments que j'en possédais : mon premier estampage, qui m'en donnait à peu près l'ensemble avec des lacunes malheureusement considérables; mes estampages partiels des deux grands fragments; la copie, indéchiffrable en elle-même, de quelques lignes, et les petits morceaux.

C'est le résultat de ce premier travail que je vous demande de soumettre aujourd'hui à l'Académie. Ce résultat, obtenu seulement en quelques jours, laisse certainement beaucoup à désirer. On est loin encore, je l'espère, du degré qu'une étude plus suivie permettra d'atteindre. Mais je me hâte de le livrer tel quel à la publicité, ne voulant pas retarder davantage la connaissance d'un monument aussi précieux pour la science.

D'après les détails qui m'ont été donnés par différentes personnes, la pierre était un gros bloc massif, mesurant cinq empans (chiber) de hauteur, sur trois de largeur et environ autant d'épaisseur. D'après les estampages, elle aurait eu 1 mètre de hauteur et 0,60 centimètres de largeur, avec une épaisseur égale. La pierre, comme j'ai pu m'en assurer *de visu*, par les morceaux qui m'en ont été rapportés, est une sorte de basalte d'un noir bleuâtre, semé de paillettes brillantes, à l'intérieur, et couvert d'une patine mate brune sur les parties de la face gravées. Le grain compacte de cette pierre donnait au monument un poids énorme et en aurait rendu le transport très-difficile.

La forme de la stèle était celle d'un carré long, terminé en haut par une partie arrondie; l'angle inférieur de droite était déjà cassé depuis fort longtemps.

J'ai compté trente-quatre lignes dans ce que m'ont fourni mes estampages. Les lignes du haut sont plus courtes que les autres, la pierre diminuant de largeur à sa partie supérieure. La moyenne des lettres par ligne est de trente-trois à trente-cinq. Le long de la partie droite régnait une espèce de petit rebord faisant encadrement et se prolongeant presque jusqu'au bas. Il avait disparu à gauche.

Les caractères sont petits comparativement à la superficie qu'ils recouvrent; ils sont peu profondément gravés à cause de l'extrême dureté de la pierre. Plusieurs d'entre eux doivent être peu lisibles sur la pierre même, car, chaque fois que j'ai voulu recourir à la copie partielle pour une lettre douteuse dans mon estampage, la lettre avait été sautée par le copiste. Une remarque du plus haut intérêt, c'est *que tous les mots sont séparés par des points et que le texte est divisé en versets par des barres verticales;* ce qui aide singulièrement au déchiffrement et à l'interprétation,

L'esquisse ci-jointe, qui donne les caractères de grandeur naturelle, est une restitution obtenue par le rapprochement et la superposition de l'estampage en lambeaux et des deux estampages partiels. Le trait bleu indique les déchirures du premier, la ligne ponctuée les limites des deux autres (1).

La concordance des lignes, déterminée à grand'peine et vérifiée à plusieurs reprises, peut être considérée comme certaine. Ce dessin est accompagné de quelques estampages des petits morceaux avec caractères, que je possède.

(1) J'ai réduit l'esquisse de M. Ganneau au tiers de l'original et l'ai fait reproduire sur la planche qui accompagne cette brochure; j'ai également reproduit les traits ponctués qui indiquent les limites des grands fragments : mais j'ai supprimé les traits bleus qui compliquaient singulièrement le dessin fait à une aussi petite échelle ; je puis d'ailleurs certifier des nombreuses déchirures de l'estampage dont j'ai tenu les sept morceaux entre mes mains à Jérusalem. M. V.

TRANSCRIPTION.

---

1 אנך משע·בן כמש[נדב]·מלך
2 יבני | אבי·מלך על מאב· ו·אנך·מלכ
3 תי·אחר·אבי | ואעש·הבמת זאת·לכמש·בקרחה·| ב
4 שע·כי·השעני מכל·(ה) ·ל בכל·שנאי
5 י·מלך ישראל ויענו את·מאב י ...... אנף·כמש
6 צה | ויחלפה ב נה אענו את·מאב | בימי·אמר·
7 וארא·בה ובבתה | וישראל אבד·אבד·עלם·וירש·עמרי·את
8 מהדבא·וישב·בה בנה·ארבען·שת
9 בה·כמש·בימי | ואבן·את·בעל·מען·ואעש בה· | ו(א)
10 את·קריתן· | ואש·גד· בארץ· מעלם·ויבן·לה·מל[ך·י]
11 שראל·את | ואלתחם·בקר·ואחזה | ואהרג·את כל·ה
12 קר· לכמ[ש] ולמאב |
13 (ה)·לפני כמש·בקרית | ואשב בה·את·אש· ו את·א
14 שחרת | וימר לי·כמש·לך·אחז·את·נבה על·ישראל
15 הלך·בלילה·ואלתחם·בה·מ השחר(ה)·עד·צהרם | וא
16 הזאר ·כלה·בע אל
17 כי·לעשתר·כמש·ה
18 ל יהוה לפני כמש | ומלך·ישראל·ב
19 יהצ·וישב·בה·באלתחמה·בי | ויגרשה·כמש·מ
20 אקח·ממאב מאתן·אש·כל·רשה | ואשאה ביהץ·ואח |
21 ל ת·על·דיבן | אנך·בנתי·קרחה·חמת·היער(ם)·וחמ[ת]
22 ח ואנך בנתי שעריה·ואנך בנתי·מגדלתה | ו[א]
23 [נ]ך·בנתי·בת·מלך | ואנך עשתי·כלאי·האש בק
24 קר | ובר·אן·בקרב·הקר·בקרחה·ואמר·לכל·העם·עשו
25 אש·בר·בביתה | ואנך·כרתי·המכרתת·לקרחה·בא
26 [י]שראל | אנך·בנתי [ער?]ער ואנך עשתי·המסלת·בארנן
27 [אנך] בנתי·בתבמת כי(ה)רם | אנך·בנתי·בצר·כי·ע(צ)
28 ·דיבן·חמשן·כי·כל·דיבן·משמעת | ואנך מל
29 את·בקרן·אשר·יספתי·על·הארץ | ואנך·בנ[תי]
30 בת·דבלתן | ובת·בעל מען·ואשא·שם·את·(מ)
31 (ה)ארץ | וחורנן·ישב·בה·ב· ו
32 [א]מר·לי כמש· א· הלתחם בחורנן | וא
33 ·כמש י על עש
34 ק | וא

TRADUCTION.

1. Moi, je suis Mesa, fils de Chamos[nadab]? roi ......
2. ...... || Mon père régnait sur Moab............ et moi j'ai
3. régné après mon père || Et j'ai construit ce *haut lieu* (sanctuaire), avec sa plate-forme (?), pour Chamos......
4. (Je m'appelle) *Mesa*, parce qu'il (Chamos) m'a sauvé (השעני) de tous les .... à tous les deux (?)...............
5. .... du roi d'Israël.... et il opprima Moab .... Chamos s'irrita......
6. .... || Et il le changea................. j'opprimerai (j'ai opprimé?) Moab. || Dans mes jours j'ai (*ou :* il a?) dit....
7. et je le vis, lui et sa maison (son temple?). || Et Israël fut dispersé, dispersé pour toujours, et Omri s'empara de ....
8. Medeba (?) et y demeura.................... il construisit quarante.........
9. où Chamos est (dominant) dans mes jours (aujourd'hui) || Et je construisis Baal-Meon et j'y sacrifiai || Et je construisis...]
10. Qiriathaïm || Et...... envahit la terre.... anciennement; et se construisit
11. le roi d'Israël la (*ville de*)........ || Et je combattis à Qir (*ou :* je fis le siége) et je le pris || Et je tuai tous les..........
12. .... (.*sacrifice?*) pour Chamos et pour Moab || .....
13. .... devant la face de Chamos, à Qerioth, || Et j'y fis prisonniers les hommes (vieux?) et les.........
14. de la jeunesse (aurore) || Et Chamos me dit : Va! prends la domination sur Israël. ||
15. J'allai de nuit, et je combattis avec lui depuis le .... de l'aube, jusqu'à midi || et je.....
16. .... tout entier................
17. .... qui est pour Astar Chamos.......

18. ....Jahveh (Jehovah?)...... devant la face de Chamos || Et le roi d'Israël [vint à]

19. Yahas, et y demeura (jusqu'à?) mon combat avec lui || Et Chamos le chassa de......

20. Je pris de Moab deux cents hommes en tout || Et je les fit monter (les comptai) à Yahas, et je.....

21. .... sur Dibon || . C'est moi qui ai construit l'esplanade (?), les murs de Yearim (?) et les murs de........

22. ...... Et c'est moi qui ai construit ses portes, et c'est moi qui ai construit sa forteresse || Et c'est

23. moi qui ai construit Bet-Moloch || Et c'est moi qui ai fait les deux.........

24. ...... Qir || Et il n'y avait pas de puits dans l'intérieur de Qir, sur son esplanade. Et je dis à tout le peuple : Fasse

25. chaque homme un puits dans sa maison || C'est moi qui ai offert l'holocauste, sur l'esplanade (?) dans.....

26. .... Israël. || C'est moi qui ai construit Aroër (?), et c'est moi qui ai fait la route de l'Arnon.

27. C'est moi qui ai construit Bet-Bamoth, qui était détruite (?) || C'est moi qui ai construit Bosor, qui.......

28. ...... Dibon, des chefs militaires (המשן), pour que tout Dibon fût soumis || Et moi j'ai......

29. .... avec les villes que j'ai ajoutées à la terre || Et c'est moi qui ai construit....

30. .... Bet-Diblathaïm || Et Bet Baal-Meon, et j'ai érigé là le......

31. .... la terre || Et Horonaïm, où résida.....

32. .... Chamos me dit : Combats à Horonaïm || Et je..

33. .... Chamos............. sur.....

34. ....

Il me reste maintenant à justifier cet essai de traduction et à faire rapidement ressortir les faits nouveaux fournis à la science par la stèle de Dhibân.

CH. CLERMONT-GANNEAU.

Ces pages étaient suivies d'une dissertation philologique et historique, dans laquelle M. Ganneau justifiait ses traductions et déterminait la date du monument. Interrompu par le départ du courrier dans la transcription de ce travail, l'auteur n'a pu m'en envoyer que le commencement, comprenant le commentaire des dix premières lignes; j'aurais pu attendre, pour livrer le tout à la publicité, que j'eusse reçu le complément de la dissertation; mais je ne pus me résoudre à une aussi longue attente, et, en faisant imprimer ce travail, même incomplet, je crois avoir mieux servi les intérêts de la science et ceux de M. Ganneau (1). J'assure ainsi à notre jeune et savant compatriote la priorité de sa découverte, et je mets sans retard à la disposition du public éclairé un document du plus haut intérêt.

J'ose dire qu'il n'existe pas, dans le domaine des antiquités hébraïques, un seul document qui puisse lui être comparé. C'est le seul monument biblique authentique et original qui ait été trouvé jusqu'à présent. On pourrait presque dire de notre texte que c'est une page originale de la Bible. En effet, suivant M. Ganneau, le roi Mesa, auteur de la stèle de Dhiban, n'est autre que le roi de Moab, dont la Bible a raconté les luttes sanglantes, et qui était contemporain des rois d'Israël Achab, Ochozias et Joram. Je partage entièrement cette opinion; je crois même que l'on peut, à l'aide des documents bibliques, déterminer l'année dans laquelle notre inscription a été gravée; sans vouloir anticiper sur le travail de M. Ganneau, ni préjuger ses conclusions que j'ignore, je dirai en quelques lignes comment il me paraît possible de fixer cette date. Elle ajoute une trop grande valeur à la découverte pour ne pas la joindre à ce premier essai.

La comparaison des textes bibliques (IV *Reg.*, I et III; II *Par.*, XX) et des passages de Josèphe (*Ant. Jud.*, IX, 2 et 3), relatifs au roi Mesa, fournit une histoire dont voici les traits saillants : Moab était tributaire d'Israël. Après la mort d'Achab et sous le règne très-court du faible Ochosias, Mesa résolut de secouer le joug. Il se révolta d'abord contre son suzerain immédiat, le roi d'Israël, et lui refusa le tribut annuel de deux cent mille moutons et agneaux. Puis il se tourna contre le roi de

(1) Aussitôt complet, ce travail sera publié dans un recueil spécial.

Juda, Josaphat, et, entraînant avec lui des Ammonites et des Édomites, il attaqua ses États par le sud; il poussa jusqu'à Engaddi, où la division se mit dans les rangs de ses troupes; les alliés se prirent de querelle et s'entr'égorgèrent sous les yeux de l'armée de Josaphat. L'année suivante, Joram, étant monté sur le trône d'Israël, voulut reprendre l'offensive; il fit alliance avec Josaphat, avec le roi d'Édom, et les trois rois, contournant la mer Morte par le sud, vinrent attaquer Mesa au cœur de ses États. Refoulé de partout, le roi de Moab s'enferma dans sa capitale Qir-Hareset; serré de près, il essaya en vain une sortie à la tête de sept cents de ses plus braves soldats; enfin, pour fléchir la colère de son Dieu sanguinaire, il immola son fils aîné sur le rempart, et l'offrit en holocauste à Chamos. Cet affreux spectacle remplit d'horreur et de pitié les rois alliés, qui levèrent le siége et quittèrent le pays après l'avoir dévasté.

La seule période de cette tragique histoire dans laquelle puisse se placer l'heureuse campagne mentionnée par la stèle de Dhibân, me paraît être la première révolte de Mesa. Dans les passages déchiffrés par M. Ganneau, le roi de Moab n'a qu'un seul adversaire, le roi d'Israël, Ochozias sans doute; les faits de guerre et de conquête sont concentrés dans un seul pays, le territoire situé au nord de l'Arnon, ancienne dépendance de Moab, occupée alors par la tribu de Ruben. Il me paraît probable que Mesa, non content de refuser le tribut, aura envahi la province isolée et mal défendue qui était à sa proximité. Vainqueur à Yahas, à Dibôn, il fit élever la stèle comme un monument de sa victoire, puis, enhardi par ses succès, il aura entrepris contre le roi de Juda la campagne qui devait avoir un si lugubre dénoûment.

Si nos conjectures sont fondées, la stèle aura donc été gravée pendant la deuxième année du règne d'Ochozias, roi d'Israël, c'est-à-dire, suivant la chronologie généralement adoptée, l'an 896 avant l'ère chrétienne.

On conçoit donc l'immense intérêt historique, archéologique et paléographique qui s'attache à la découverte de ce monument; je me contente de le signaler, pour faire ressortir en même temps l'importance du service rendu à la science par M. Ganneau. On me permettra seulement, au seul point de vue de la paléographie, de faire remarquer que la stèle de Dhibân est écrite à l'aide de cet alphabet phénicien archaïque que j'ai soutenu avoir été, avant le septième siècle, commun à tous les peuples sémitiques, les Phéniciens, les Hébreux et leurs congénères. Cette opinion, basée sur des inductions, sur l'étude de pierres gravées dont la date ne pouvait être déterminée d'une manière absolue, a été très-vivement combattue; elle reçoit aujourd'hui, d'un monument original et incontestable, une éclatante confirmation. Nous avons enfin sous les yeux un exemplaire authentique de l'alphabet hébraïque du neuvième, on peut même dire du dixième siècle; de ces caractères archaïques, ἀρχαῖα στοιχεῖα, d'Origène et de saint Jérôme, à l'aide desquels étaient écrits les plus anciens manuscrits de la Bible.

Le monument du roi Mesa nous fournira bien d'autres confirmations plus importantes au sujet de l'exactitude historique et géographique de nos livres saints, de la langue et de la philologie. Pendant longtemps encore on discutera sur la pierre de Dhibân; il me suffit aujourd'hui d'avoir contribué à la faire connaître rapidement; associé, pendant mon dernier séjour à Jérusalem, aux péripéties de ce petit roman archéologique, ayant constaté les efforts de M. Ganneau, les difficultés de déchiffrement et autres qu'il a dû vaincre, j'ai tenu à lui apporter ce concours et ce témoignage. Le monde savant s'associera aux regrets qu'inspire la destruction de la stèle de Mesa, et en même temps aux félicitations que nous adressons au jeune savant, sans lequel cet inestimable document eût été à jamais perdu.

M. DE VOGÜÉ.

Paris, 5 février 1870.

Paris. — Imprimerie Adolphe Lainé, rue des Saints-Pères, 19.

STÈLE DE DHIBÂN

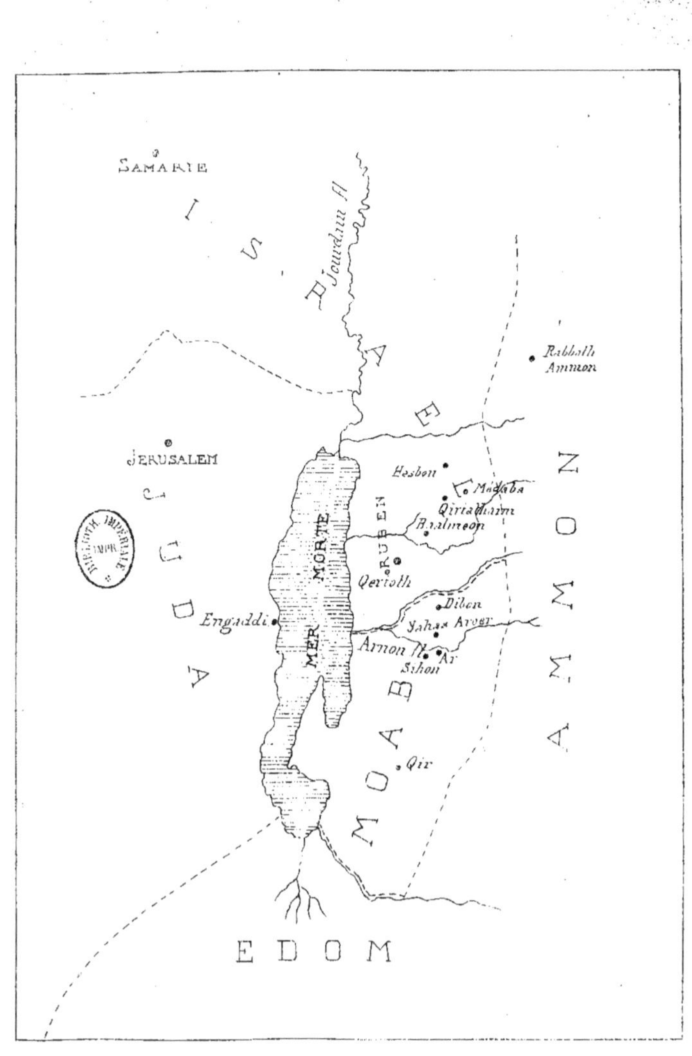

CARTE

POUR L'INTELLIGENCE DES CAMPAGNES DE

MESA ROI DE MOAB

www.ingramcontent.com/pod-product-compliance
Lightning Source LLC
LaVergne TN
LVHW010411240826
846091LV00020B/3641

* 9 7 8 2 0 1 9 2 3 0 8 3 8 *